*일러두기 : 실제 오징어는 다리가 10개, 문어는 8개, 게는 10개이나
이 책에서는 캐릭터상 간단하게 표현되었습니다.

물 아저씨 과학 그림책 6

물 아저씨와 감각 놀이

2016년 3월 10일 1판1쇄 발행 | 2024년 3월 10일 1판17쇄 발행

글그림 | 아고스티노 트라이니   옮김 | U&J
펴낸이 | 나춘호   펴낸곳 | (주)예림당
등록 | 제2013-000041호   주소 | 서울시 성동구 아차산로 153
구매 문의 전화 | 561-9007   팩스 | 562-9007
책 내용 문의 전화 | 3404-9251
http://www.yearim.kr

책임 개발 | 전윤경 / 서인하   디자인 | 이정애   저작권 영업 | 문하영 / 박정현
제작 | 신상덕 / 박경식   영업 홍보 | 김민경   마케팅 | 임상호 전훈승

ISBN 978-89-302-6863-9 74400
ISBN 978-89-302-6857-8 74400(세트)

이 책의 한국어판 저작권은 (주)예림당과 Atlantyca S.p.A.사와의 독점 계약으로 (주)예림당에 있습니다.
저작권법에 의해 한국 내에서 보호를 받는 저작물이므로 무단 전재와 복제를 금합니다.

All names, characters and related indicia contained in this book, copyright of Edizioni Piemme S.p.A.,
are exclusively licensed to Atlantyca S.p.A. in their original version. Their translated and/or adapted
versions are property of Atlantyca S.p.A. All rights reserved.
Text and illustrations by Agostino Traini

©2013 Edizioni Piemme S.p.A., Palazzo Mondadori – Via Mondadori, 1 – 20090 Segrate
©2016 for this book in Korean language – YeaRimDang Publishing Co., Ltd.
International Rights   Atlantyca S.p.A. – foreignrights@atlantyca.it – www.atlantyca.com
Original Title: I CINQUE SENSI GIOCANO A NASCONDINO
Translation by: 물 아저씨와 감각 놀이

No part of this book may be stored, reproduced or transmitted in any form or by any means, electronic
or mechanical, including photocopying, recording, or by any information storage and retrieval system,
without written permission from the copyright holder. For information address Atlantyca S.p.A.

물 아저씨 과학 그림책 6

물 아저씨와 감각 놀이

글·그림 아고스티노 트라이니

예림당

물 아저씨와 친구들이 숨바꼭질을 하고 있었어요.
술래인 물 아저씨가 눈을 감고 열까지 천천히 세기 시작했어요.
"하나, 둘, 셋, 넷……."

고약한 냄새를 풀풀 풍기는 고린내 선장과 고래 니나,
오징어 마리오, 꼬마 게 리노, 문어 지아니가
재빨리 흩어졌어요.

"……여덟, 아홉, 열!"
물 아저씨는 숫자를 다 세고, 주위를 둘러보았어요.
친구들이 꼭꼭 숨어서 어디에도 보이지 않았어요.

그런데 조금 앞으로 가자, 까만 먹물이 물속을 둥둥 떠다녔어요.
"난 이 까만 먹물이 누구 흔적인지 알지!"
물 아저씨가 씨익 웃었어요.

"오징어 마리오! 찾았다, 찾았어!"
물 아저씨가 일렁이는 미역 사이에 숨어 있던
마리오를 발견하고 기뻐서 소리쳤어요.

커다란 고래 니나는 바위틈에 슬쩍 숨어 있었어요.
안개가 짙어서 바위와 니나가 전혀 구분되지 않았지요.

그때 물 아저씨에게 좋은 생각이 떠올랐어요.
"앞이 안 보이니까 손으로 만져 봐야겠어."
물 아저씨는 눈을 감고 바위들을 더듬더듬 만져 보았어요.

"고래 니나! 찾았다, 여기 있었네!"
물 아저씨가 신나서 소리쳤어요.
"어떻게 찾았어요?"
"만져 보면 바로 알 수 있어.
넌 바위보다 부드럽고 따뜻하거든!"

"물 아저씨, 다른 친구들은 어떻게 찾을 거예요?
앞이 안 보이는 데다가 다들 꼭꼭 숨어 있어서 찾기 힘들 거예요."

여기가 어디지?

니나는 꼬리도 참 크네.

"눈을 감으면 집중이 되니까 다른 감각을 더 잘 느낄 수 있을 거야."
물 아저씨는 아예 눈을 꼭 감은 채 친구들을 찾아 나섰어요.

바닷속 동굴 가까이 가자, 물 아저씨는 물맛을 보았어요.
물에서 달콤한 맛이 났어요.

"문어 지아니구나!"
물 아저씨가 소리쳤어요.
"동굴 속에 숨어 있는 거 다 알아!"

문어 지아니는 물 아저씨에게 들키자 깜짝 놀랐어요.
사탕이 녹아서 물이 달콤해진 줄은 전혀 몰랐으니까요.

"자, 이제 둘 남았지?"
물 아저씨는 다시 눈을 감은 채,
뿌연 안개를 헤치며 앞으로 나아갔어요.

바위산 사이에 몸을 숨긴 고린내 선장은 자신만만했어요.
자기 몸에서 지독한 냄새가 난다는 걸 깜빡했던 거예요.
바위산 밑을 지나던 물 아저씨는 고약한 냄새를 단번에 맡았어요.

"고린내 선장님, 거기 계셨네요. 냄새로 금방 찾았어요!"
물 아저씨가 활짝 웃으며 소리쳤어요.

이제 꼬마 게 리노만 찾으면 끝이에요!
하지만 리노는 몸집이 아주 작아서 찾기가 쉽지 않아요.

꼬마 게 리노는 바다 밑바닥에 가라앉은 배에 숨어 있었어요.
"여기 숨어 있으면 절대로 못 찾을 거야!"
금세 심심해진 리노는 미역 줄기를 자르는 놀이를 했어요.

딱딱! 어디선가 집게발이 부딪치는 소리가 들렸어요.
물 아저씨는 멈춰 서서 귀를 기울였지요.

마침내 물 아저씨가 꼭꼭 숨었던 친구들을 몽땅 찾아냈어요.
숨바꼭질 놀이는 언제 해도 참 재미있어요.
그런데 고린내 선장이 없어졌네요. 대체 어디에 있을까요?

아하! 선장님은 구석구석 깨끗하게 몸을 씻고 있었어요.
"이제 물 아저씨가 내 냄새를 맡지 못할 거야!"
"선장님, 이제 고약한 냄새가 아니라 향긋한 냄새가 나는데요?"
물 아저씨가 웃으며 대답했어요.

물 아저씨와 함께하는 신나는 과학 실험

차근차근 따라 해 보세요!
그동안 알지 못했던 재미있고 흥미진진한
사실들을 알게 될 거예요.

쿵쿵, 탕탕, 쨍그랑!

준비물

수건

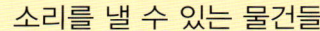

소리를 낼 수 있는 물건들

난이도

친구 2~3명

① 수건으로 친구의 눈을 가려요.
아무것도 보이지 않도록
잘 가려야 해요!

② 눈을 가린 친구 앞에서 물건을 가지고 소리를 내요. 손으로 탕탕 두드리거나, 빈 병에 동전을 넣고 짤랑짤랑 흔들거나, 책을 갑자기 탁 덮거나, 테니스공을 바닥에 통통 튕겨요.

③ 눈을 가린 친구는 무슨 소리인지 알아맞혀요. 몇 가지나 맞혔나요?

④ 이번에는 여러분 차례예요! 술래가 되어 자기 눈을 손수건으로 가리고, 친구가 소리를 내면 맞혀 보세요.

청각을 이용해 물건을 맞히는 놀이예요. 눈으로 보고, 귀로 듣고, 혀로 맛보고, 피부로 느끼고, 코로 냄새를 맡는 감각을 각각 시각, 청각, 미각, 촉각, 후각이라고 해요. 이 다섯 가지 감각이 오감이지요.

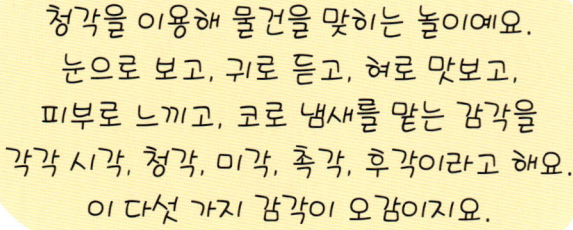

마법의 주머니

준비물

 수건

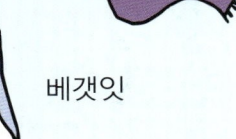 베갯잇

 장갑 1켤레

 생각나는 물건들 모두

난이도

친구 2~3명

1 수건으로 친구의 눈을 가려요.
아무것도 보이지 않도록
잘 가려야 해요!

② 베갯잇 안에 물건들을 모두 집어넣어요.

③ 눈을 가린 친구는 베갯잇 안으로 손을 넣어요. 물건을 만져 보고 무슨 물건인지 알아맞혀요.

④ 부드럽나요? 무겁나요? 딱딱한가요? 둥근가요? 한 차례 놀이가 끝나면 장갑을 끼고 알아맞혀 보세요. 훨씬 더 재미있을 거예요!

촉각을 이용해 물건을 맞히는 놀이예요. 우리는 보통 오감을 동시에 사용하기 때문에 눈을 가리면 처음에는 좀 낯설어요. 하지만 집중하면 다른 감각을 더 잘 느낄 수 있어요.

야고스티노 트라이니는 누구일까요?

저는 1961년에 태어났어요.
어렸을 때는 몰랐어요.

커서 그림책을 만드는 사람이
될 줄 말이에요.

한 권의 책을 만들려면 먼저
좋은 생각이 떠올라야 해요.

보통은 재미있는 등장인물들이
머릿속에 떠올라요.

엉뚱한 상황들도요.

하지만 가끔은 아무 생각도
나지 않을 때가 있어요!

생각이 떠오르면 그림을 그리기 시작해요. 먼저 연필로 그린 다음, 검은색 잉크로 다시 그려요.

그런 다음, 모든 장면을 색칠해요. 붓과 물감을 쓰기도 하고

컴퓨터로 작업할 때도 있어요. 이 책은 컴퓨터로 만들었어요.

이 모든 작업이 끝나면 인쇄해서 책이 완성됩니다. 정말 행복한 순간이지요!

Agostino Traini

아래의 주소로 저에게 이메일을 보낼 수 있어요.
agostinotraini@gmail.com

물 아저씨 과학 그림책

과학 공부의 시작은 물 아저씨와 함께!
세상 곳곳의 신기한 과학 현상을 배우며
지적 호기심을 가득 채워 보세요!

글·그림 아고스티노 트라이니 | 175×240mm | 32~48쪽 | 각 권 8,500원

1. 물 아저씨는 변신쟁이
2. 공기 아줌마는 바빠
3. 해 아저씨는 밤이 궁금해
4. 키다리 나무 아저씨의 비밀
5. 계절은 돌고 돌아
6. 물 아저씨와 감각 놀이
7. 알록달록 색깔이 좋아
8. 화산은 너무 급해
9. 물 아저씨는 힘이 세
10. 농장은 시끌벅적해
11. 바람 타고 세계 여행
12. 불 아저씨는 늘 배고파
13. 폭풍은 이제 그만
14. 물 아저씨와 몸속 탐험
15. 옛날에 공룡이 살았어

 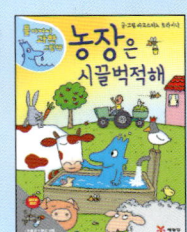  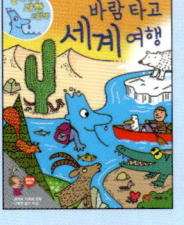

특별판

물 아저씨와 신나는 크리스마스

물 아저씨와 건강한 먹거리

- 물 아저씨와 건강한 먹거리
- 물 아저씨와 신나는 크리스마스

글·그림 아고스티노 트라이니 | 220×280mm | 32쪽 | 각 권 13,000원